Fit werden für den Deutsch-Test für Berufssprachkurse DTB B2

Schreiben
von Forumsbeiträgen

Jan Mundhenk

Autor: Jan Mundhenk
Auflage: 1
© 2024
ISBN: 978-3-7597-7756-0
Verlag: BoD • Books on Demand GmbH, In de Tarpen 42, 22848 Norderstedt
Druck: Libri Plureos GmbH, Friedensallee 273, 22763 Hamburg

Abbildungen:
Titelseite und Schmutztitel: Gestaltung Jan Mundhenk, Grafiken vom Autor
Übrige Abbildungen: Jan Mundhenk
Es wurde recherchiert, ob in diesem Werk Abbildungen von Dritten eingesetzt wurden. Sollten Werke von Urheberinnen oder Urhebern nicht ausfindig gemacht worden sein, werden diese bei Bekanntgabe entsprechend der üblichen Regelungen entschädigt.

Inhalte

Fit für den DTB B2: Schreiben. Jan Mundhenk

1

Beispielhafter Antwortbogen

Fit für den DTB B2: Schreiben. Jan Mundhenk

Tipps zur Bearbeitung
des Subtests
Schreiben beim DTB B2

Innerhalb von 20 Minuten entwickeln Sie für Ihre Kolleginnen und Kollegen eine interessante und gut gegliederte Grundlage für eine Diskussion.
Sie schreiben also einen Forumsbeitrag bestehend aus einem Einleitungssatz, der zum Thema hinführt. Weiterhin beschreiben Sie danach Begründungen für Ihre Meinung mit Beispielen auf. Abschließend ziehen Sie ein persönliches Fazit als Zusammenfassung und fordern dann die Mitlesenden zum Schreiben auf.

Entscheidend für den Erfolg in der Prüfung ist die Übung. Und dafür haben Sie jetzt dieses Übungsbuch mit zahlreichen Übungen.
Sie sollten bei der Bearbeitung dieser Aufgaben bereits während des Schreibens auf dem Antwortbogen das Ergebnis notieren.
Schnappen Sie sich nun Ihren Bleistift, Ihr Radiergummi und legen Sie los.

Hinweis: In der echten Prüfung erhalten Sie zwei Themen zur Auswahl. Eines dieser Themen (A oder B) wird das Thema Ihres Forumsbeitrags. Zu Übungszwecken finden Sie hier 15 statt 30 Themen. Sie können aber erst einmal damit anfangen, jeweils ein Thema zu erlesen und darüber zu schreiben.

Fit für den DTB B2: Schreiben. Jan Mundhenk

3

betriebliches
Problem

⬇

Diskussion mit Kollegen (Siezen!)
im Intranet-Forum

⬇

Meinung Ihrer Kolleginnen und
Kollegen erfahren

Fit für den DTB B2: Schreiben. Jan Mundhenk

Training 1

Fit für den DTB B2: Schreiben. Jan Mundhenk

Zeit: jeweils 20 Min. (150 Minuten insgesamt)

Aufgabe:

Sie schreiben mit Ihren Kollegen in einem Forum im Intranet. Nur Kolleginnen und Kollegen, die Sie siezen, können darin lesen und schreiben. Schreiben Sie einen Forumsbeitrag. Begründen Sie Ihre Meinung mit Argumenten und Beispielen. Achten Sie auf eine gute Gliederung des Textes in Abschnitte. Notieren Sie Ihren Text sofort auf dem Antwortbogen.

1 Ihr Unternehmen plant, Ihre Abteilung nach China zu verlagern. Sie haben allerdings bislang noch keinen Arbeitsplatz angeboten bekommen und Ihr Arbeitsvertrag läuft demnächst aus.

Beispielhafter Antwortbogen

Fit für den DTB B2: Schreiben. Jan Mundhenk

Training 2

Zeit: jeweils 20 Min. (150 Minuten insgesamt)

Aufgabe:

Sie schreiben mit Ihren Kollegen in einem Forum im Intranet. Nur Kolleginnen und Kollegen, die Sie siezen, können darin lesen und schreiben. Schreiben Sie einen Forumsbeitrag. Begründen Sie Ihre Meinung mit Argumenten und Beispielen. Achten Sie auf eine gute Gliederung des Textes in Abschnitte. Notieren Sie Ihren Text sofort auf dem Antwortbogen.

2 Ihre Kinder sind erkrankt und nun will Ihre Chefin Ihre Arbeitsergebnisse bis zum übernächsten Tag erhalten. Aktuell können Sie jedoch leider nicht daran arbeiten.

Fit für den DTB B2: Schreiben. Jan Mundhenk

7

Beispielhafter Antwortbogen

Fit für den DTB B2: Schreiben. Jan Mundhenk

Training 3

Zeit: jeweils 20 Min. (150 Minuten insgesamt)

Aufgabe:

Sie schreiben mit Ihren Kollegen in einem Forum im Intranet. Nur Kolleginnen und

Kollegen, die Sie siezen, können darin lesen und schreiben. Schreiben Sie einen

Forumsbeitrag. Begründen Sie Ihre Meinung mit Argumenten und Beispielen. Achten Sie

auf eine gute Gliederung des Textes in Abschnitte. Notieren Sie Ihren Text sofort auf dem

Antwortbogen.

3 Ihre Kollegen sabottieren die Erfolge ihrer Abteilung. Sie möchten sich über Strategien

dagegen austauschen.

Fit für den DTB B2: Schreiben. Jan Mundhenk

9

Beispielhafter Antwortbogen

Fit für den DTB B2: Schreiben. Jan Mundhenk

Training 4

Zeit: jeweils 20 Min. (150 Minuten insgesamt)

Aufgabe:

Sie schreiben mit Ihren Kollegen in einem Forum im Intranet. Nur Kolleginnen und

Kollegen, die Sie siezen, können darin lesen und schreiben. Schreiben Sie einen

Forumsbeitrag. Begründen Sie Ihre Meinung mit Argumenten und Beispielen. Achten Sie

auf eine gute Gliederung des Textes in Abschnitte. Notieren Sie Ihren Text sofort auf dem

Antwortbogen.

4 Ihr Unternehmen möchte nur noch ältere Kollegen einstellen und ganz auf junge

Frauen verzichten. Sie sind allerdings noch recht jung und können nicht so gut mit den

älteren männlichen Kollegen zusammenarbeiten.

Fit für den DTB B2: Schreiben. Jan Mundhenk

11

Beispielhafter Antwortbogen

Fit für den DTB B2: Schreiben. Jan Mundhenk

Training 5

Zeit: jeweils 20 Min. (150 Minuten insgesamt)

Aufgabe:

Sie schreiben mit Ihren Kollegen in einem Forum im Intranet. Nur Kolleginnen und Kollegen, die Sie siezen, können darin lesen und schreiben. Schreiben Sie einen Forumsbeitrag. Begründen Sie Ihre Meinung mit Argumenten und Beispielen. Achten Sie auf eine gute Gliederung des Textes in Abschnitte. Notieren Sie Ihren Text sofort auf dem Antwortbogen.

5 Ihr Unternehmen plant, so gut wie alle Arbeitsschritte in Ihrer Abteilung zu automatisieren. Aber leider sind die ersten Testergebnisse dieser Maschinen nicht sehr gut ausgefallen. Nun ist guter Rat teuer. ...

Fit für den DTB B2: Schreiben. Jan Mundhenk

13

Beispielhafter Antwortbogen

_____

_____

_____

_____

_____

_____

_____

_____

_____

_____

_____

_____

_____

_____

Fit für den DTB B2: Schreiben. Jan Mundhenk

Training 6

Zeit: jeweils 20 Min. (150 Minuten insgesamt)

Aufgabe:

Sie schreiben mit Ihren Kollegen in einem Forum im Intranet. Nur Kolleginnen und Kollegen, die Sie siezen, können darin lesen und schreiben. Schreiben Sie einen Forumsbeitrag. Begründen Sie Ihre Meinung mit Argumenten und Beispielen. Achten Sie auf eine gute Gliederung des Textes in Abschnitte. Notieren Sie Ihren Text sofort auf dem Antwortbogen.

6 Sie arbeiten in der Personalabteilung und sollen nun digitale Personaldokumente führen. Allerdings stürzen aktuell bei jedem Versuch, weitere Dokumente hinzuzufügen, die Computersysteme ab. Sie sind ziemlich verzweifelt. ...

Fit für den DTB B2: Schreiben. Jan Mundhenk

15

Beispielhafter Antwortbogen

Fit für den DTB B2: Schreiben. Jan Mundhenk

Training 7

Aufgabe:

Sie schreiben mit Ihren Kollegen in einem Forum im Intranet. Nur Kolleginnen und Kollegen, die Sie siezen, können darin lesen und schreiben. Schreiben Sie einen Forumsbeitrag. Begründen Sie Ihre Meinung mit Argumenten und Beispielen. Achten Sie auf eine gute Gliederung des Textes in Abschnitte. Notieren Sie Ihren Text sofort auf dem Antwortbogen.

7 Sie arbeiten während Ihres Praktikums und tragen Zeitungen, Pakete und Briefe aus. Nun sind plötzlich mehr als die Hälfte der Kolleginnen und Kollegen erkrankt und Sie sollen statt Teilzeit doch Vollzeit arbeiten. Sie möchten aber gern noch Ihren Sprachkurs abschließen, der in der Zeit nach der Arbeit stattfindet.

Fit für den DTB B2: Schreiben. Jan Mundhenk

17

Beispielhafter Antwortbogen

_____

_____

_____

_____

_____

_____

_____

_____

_____

_____

_____

_____

_____

Fit für den DTB B2: Schreiben. Jan Mundhenk

Training 8

Zeit: jeweils 20 Min. (150 Minuten insgesamt)

Aufgabe:

Sie schreiben mit Ihren Kollegen in einem Forum im Intranet. Nur Kolleginnen und

Kollegen, die Sie siezen, können darin lesen und schreiben. Schreiben Sie einen

Forumsbeitrag. Begründen Sie Ihre Meinung mit Argumenten und Beispielen. Achten Sie

auf eine gute Gliederung des Textes in Abschnitte. Notieren Sie Ihren Text sofort auf dem

Antwortbogen.

8 Sie kommen jeden Tag mit dem Fahrrad zur Arbeit. In der letzten Zeit schaffen Sie es

jedoch nicht mehr, durch die Eingangstür des Unternehmens zu schieben. Denn die Tür

ist schmaler als zuvor und Sie wollen nicht, dass noch ein Fahrrad von Ihnen von

Fremden gestohlen wird. Allerdings öffnet man Ihnen auch nicht die Einfahrt für Autos

beim Betreten des Geländes Ihres Unternehmens.

Beispielhafter Antwortbogen

Fit für den DTB B2: Schreiben. Jan Mundhenk

Training 9

Zeit: jeweils 20 Min. (150 Minuten insgesamt)

Aufgabe:
Sie schreiben mit Ihren Kollegen in einem Forum im Intranet. Nur Kolleginnen und Kollegen, die Sie siezen, können darin lesen und schreiben. Schreiben Sie einen Forumsbeitrag. Begründen Sie Ihre Meinung mit Argumenten und Beispielen. Achten Sie auf eine gute Gliederung des Textes in Abschnitte. Notieren Sie Ihren Text sofort auf dem Antwortbogen.

9 Sie arbeiten in einem Großraumbüro mit vielen Menschen. Nun stinkt es Ihnen und Ihren Kollegen gewaltig, denn seit einigen Tagen wird die Luft aus den Toiletten in Ihr Büro eingeleitet. Schuld daran war wohl die Reparatur des technischen Teams und eine Umstellung. Sie fragen sich auch, ob diese Veränderung trotz höherer Kosten nicht rückgängig gemacht werden könnte.

Fit für den DTB B2: Schreiben. Jan Mundhenk

21

Beispielhafter Antwortbogen

Fit für den DTB B2: Schreiben. Jan Mundhenk

Training 10

Zeit: jeweils 20 Min. (150 Minuten insgesamt)

Aufgabe:
Sie schreiben mit Ihren Kollegen in einem Forum im Intranet. Nur Kolleginnen und Kollegen, die Sie siezen, können darin lesen und schreiben. Schreiben Sie einen Forumsbeitrag. Begründen Sie Ihre Meinung mit Argumenten und Beispielen. Achten Sie auf eine gute Gliederung des Textes in Abschnitte. Notieren Sie Ihren Text sofort auf dem Antwortbogen.

10 Sie arbeiten als Pflegehilfskraft auf einer Station und sind für das Betten machen eingeteilt. Nun haben Sie allerdings schon seit zwei Wochen deutlich mehr Arbeit, da eine Pflegebedürftige den Urin nicht mehr bei sich behalten kann und es für sie schwierig ist, rechtzeitig zur Toilette zu gehen. In der Folge müssen Sie doppelt so häufig wie eingeplant das Bett neu beziehen.

Fit für den DTB B2: Schreiben. Jan Mundhenk

Beispielhafter Antwortbogen

_____

_____

_____

_____

_____

_____

_____

_____

_____

_____

_____

_____

_____

_____

Fit für den DTB B2: Schreiben. Jan Mundhenk

Training 11

Fit für den DTB B2: Schreiben. Jan Mundhenk

Zeit: jeweils 20 Min. (150 Minuten insgesamt)

Aufgabe:
Sie schreiben mit Ihren Kollegen in einem Forum im Intranet. Nur Kolleginnen und Kollegen, die Sie siezen, können darin lesen und schreiben. Schreiben Sie einen Forumsbeitrag. Begründen Sie Ihre Meinung mit Argumenten und Beispielen. Achten Sie auf eine gute Gliederung des Textes in Abschnitte. Notieren Sie Ihren Text sofort auf dem Antwortbogen.

11 Sie arbeiten in einem Unternehmen für eine Zeitarbeitsfirma. Seit drei Wochen haben Sie einen Kollegen zur Einarbeitung an Ihrer Seite. Aber die Aufgaben werden leider nicht zu Ihrer Zufriedenheit erledigt und mehr Zeit hat man Ihnen für die Anleitung des Kollegen leider nicht gegeben.

Beispielhafter Antwortbogen

_____

_____

_____

_____

_____

_____

_____

_____

_____

_____

_____

_____

Fit für den DTB B2: Schreiben. Jan Mundhenk

Training 12

Zeit: jeweils 20 Min. (150 Minuten insgesamt)

Aufgabe:
Sie schreiben mit Ihren Kollegen in einem Forum im Intranet. Nur Kolleginnen und Kollegen, die Sie siezen, können darin lesen und schreiben. Schreiben Sie einen Forumsbeitrag. Begründen Sie Ihre Meinung mit Argumenten und Beispielen. Achten Sie auf eine gute Gliederung des Textes in Abschnitte. Notieren Sie Ihren Text sofort auf dem Antwortbogen.

12 Sie arbeiten ehrenamtlich im Betriebsrat mit und nehmen an den Sitzungen teil. In der letzten Zeit fällt ihnen jedoch auf, dass Sitzungen auch effizienter sein könnten und durchaus besser vorbereitet werden könnten.

Fit für den DTB B2: Schreiben. Jan Mundhenk

27

Beispielhafter Antwortbogen

_____

_____

_____

_____

_____

_____

_____

_____

_____

_____

_____

_____

_____

_____

Fit für den DTB B2: Schreiben. Jan Mundhenk

Training 13

Zeit: jeweils 20 Min. (150 Minuten insgesamt)

Aufgabe:
Sie schreiben mit Ihren Kollegen in einem Forum im Intranet. Nur Kolleginnen und

Kollegen, die Sie siezen, können darin lesen und schreiben. Schreiben Sie einen

Forumsbeitrag. Begründen Sie Ihre Meinung mit Argumenten und Beispielen. Achten Sie

auf eine gute Gliederung des Textes in Abschnitte. Notieren Sie Ihren Text sofort auf dem

Antwortbogen.

13 Sie arbeiten bei einem Tischler und sind als Auszubildende eingestellt. Allerdings

ergeben sich in der letzten häufiger unangemessene Sprüche von Ihren Kollegen, die

manchmal auch sexistisch werden. Sie sind darüber nicht erfreut und überlegen sich,

wie Sie besser damit umgehen könnten.

Beispielhafter Antwortbogen

_____

_____

_____

_____

_____

_____

_____

_____

_____

_____

_____

_____

_____

Fit für den DTB B2: Schreiben. Jan Mundhenk

Training 14

Zeit: jeweils 20 Min. (150 Minuten insgesamt)

Aufgabe:
Sie schreiben mit Ihren Kollegen in einem Forum im Intranet. Nur Kolleginnen und Kollegen, die Sie siezen, können darin lesen und schreiben. Schreiben Sie einen Forumsbeitrag. Begründen Sie Ihre Meinung mit Argumenten und Beispielen. Achten Sie auf eine gute Gliederung des Textes in Abschnitte. Notieren Sie Ihren Text sofort auf dem Antwortbogen.

14 Sie sind neben Ihrer Arbeit von der Klasse zur Elternvertreterin gewählt worden und haben derzeit kleine Probleme durch zwei miteinander streitende Eltern. Sie sind jedoch noch nicht ganz sicher, wie Sie damit am besten umgehen sollten.

Fit für den DTB B2: Schreiben. Jan Mundhenk

31

Beispielhafter Antwortbogen

Fit für den DTB B2: Schreiben. Jan Mundhenk

Training 15

Aufgabe:
Sie schreiben mit Ihren Kollegen in einem Forum im Intranet. Nur Kolleginnen und Kollegen, die Sie siezen, können darin lesen und schreiben. Schreiben Sie einen Forumsbeitrag. Begründen Sie Ihre Meinung mit Argumenten und Beispielen. Achten Sie auf eine gute Gliederung des Textes in Abschnitte. Notieren Sie Ihren Text sofort auf dem Antwortbogen.

15 Sie suchen derzeit noch eine Stelle und sind arbeitslos gemeldet. Nun hat man Ihnen zum Einstieg in den Arbeitsmarkt nach längerer Zeit ohne Stelle eine Arbeitsgelegenheit angeboten. Allerdings passen die Zeiten dieser Arbeit nicht gut zu den Betreuungszeiten Ihrer Kinder.

Fit für den DTB B2: Schreiben. Jan Mundhenk

33

Beispielhafter Antwortbogen

_____

_____

_____

_____

_____

_____

_____

_____

_____

_____

_____

_____

_____

Fit für den DTB B2: Schreiben. Jan Mundhenk